1. Auflage
© 2024 by Neptun Verlag
Rathausgasse 30
CH-3011 Bern

Idee und Text: Maybel Lüscher
Illustrationen: Sybille Eyer
Grundlayout und Produktion: Sybille Eyer
Lektorat: Monika Künzi Schneider
Druck und Bindung: AZ Druck und Datentechnik, GmbH, Kempten
ISBN 978-3-85820-356-4
Alle Rechte vorbehalten

www.neptunverlag.ch

Wo sind meine FARBEN?

Maybel Lüscher
Sybille Eyer

*«Wo sind meine Farben?» ist eine Kindergeschichte,
die von der Neugierde der Kinder und ihrem Wunsch,
zu wachsen und ihre Träume zu leben, handelt.*

*Die Geschichte ist all jenen gewidmet,
die die Welt der Farben lieben.*

In einem malerischen Wald voller Magie lebte eine Familie von bunten Schmetterlingen. Ihr Zuhause befand sich zuoberst in einem uralten Baum. Vor lauter Blättern und Blüten konnte man den Boden kaum sehen.

Tag und Nacht kümmerten sie sich um ihre kleine Puppe. Sie setzten sich neben sie und erzählten ihr Geschichten, sangen Lieder oder sagten ihr guten Morgen. Von ihrem Fenster aus konnten sie die zerbrechliche Hülle sehen, die ihren Körper bedeckte. Sie sehnten den Tag herbei, an dem sie ihren kleinen Schmetterling kennenlernen und umarmen konnten.

Der Frühling begann und man konnte blühende Bäume mit schönen grünen und lilafarbenen Blättern sehen, die grosse, orange Blüten trugen. Das waren die Lieblingsbäume der Schmetterlinge im Wald.

Ihre Blüten spendeten köstlichen Nektar und sie blühten das ganze Jahr über. Andere hatten rosa und blaue Blätter. Die Blumen verströmten ihren Duft und lockten Bienen und Schmetterlinge an. Die Vögel sangen fröhlich und flogen verspielt von Ast zu Ast.

Viele Tage waren vergangen, bis die Eltern endlich ihr Kind empfangen durften. Freudig umarmten sie die Kleine und streichelten sie zärtlich.

Sie waren entzückt über dieses süsse, kleine Wesen – ihre Mariposita. Doch etwas brachte die Schmetterlingseltern zum Staunen: Ihr Kind hatte weder farbige noch grosse Flügel!

Maripositas anmutige Augen betrachteten bewundernd alles um sie herum.

Nachdem sie so lange Zeit im Dunkeln zugebracht hatte, musste sie sich zuerst ans helle Licht gewöhnen. Sie sah ihre Eltern immer wieder an und bewegte ihre kleinen Fühler neugierig hin und her.

Voller Freude zeigten Mama und Papa Mariposita ihr Zuhause. Von oben konnten sie fast den ganzen Wald überblicken. Es war sehr gemütlich und die Fenster sahen aus wie die runden Augen von Schmetterlingen. Maripositas Zimmer lag nach Osten, wo die Sonne aufgeht. Jeden Tag erhellte diese ihren Raum mit einem zarten Morgenlicht.

Mariposita musste nicht mehr in ihrem dunklen Käfig schlafen. Nun hatte sie ein sehr weiches Bett und konnte sich umdrehen und mit ihrer warmen Decke aus Blättern des alten Baumes zudecken.

Bei all dem Neuen und Überraschenden war ihr nicht aufgefallen, wie klein und farblos ihre Flügel waren. Alles um sie herum war wichtiger und spannender.

Es stellte sich heraus, dass Mariposita nicht fliegen konnte. Doch sie und ihre Eltern genossen trotzdem den täglichen gemeinsamen Spaziergang.

Dabei entdeckte die Kleine zwischen Zweigen und Blumen die weite Natur mit ihren grossartigen Geheimnissen. Sie war sehr neugierig!

Morgens stand Mariposita sehr früh auf, und als Erstes, schaute sie aus dem Fenster. Sie liebte es, den Aufgang der Sonne zu beobachten und zu sehen, wie sie ihr magisches Licht aussandte. Ab und zu erschien sogar ein Regenbogen.

«So viele Blumen, so viele Düfte und so viele Farben!», dachte sie, während die feinen Sonnenstrahlen ihr Gesicht streichelten. «Ich möchte mit diesem Regenbogen befreundet sein! Vielleicht wurde er ohne Farben geboren wie ich und hat dann zu jedem Geburtstag eine neue Farbe dazubekommen. Könnte es sein, dass der Regen und die Sonne seine Eltern sind? Welch ein Geheimnis verbirgt er? Eines Tages werde ich zu ihm gehen und ihn fragen.»

Maripositas Fantasie hatte keine Grenzen.

Die Zeit für einen Ausflug rückte näher. In ihren Augen konnte man die grosse Freude sehen, endlich die weitere Umgebung zu erkunden!

Als sie mit ihren Eltern frühstückte, fragte sie: «Warum sind meine Flügel so klein? Wo sind meine Farben? Wann werde ich fliegen können?»

«Deine Flügel sind klein, weil sie noch wachsen müssen», antwortete ihre Mutter. «Die Farben, die wir bekommen, sind eine Überraschung und machen uns einzigartig.»

«Du wirst bald sehr hoch fliegen und das unbeschreibliche Gefühl der Freiheit spüren. Du wirst deine eigene Reise erleben», meinte ihr Vater.

«Ich möchte gerne viele Farben haben wie der Regenbogen. Was muss ich dafür tun?», wollte Mariposita wissen.

«Die Farben sind in der Nahrung, sie wird deine Flügel verändern», antwortete ihre Mutter. «Heute werde ich dir ein buntes Mittagessen machen!»

Während Mariposita mit ihrem Vater einen Spaziergang machte, nahm ihre Mutter Farben, Stift und Papier. Sie zeichnete einen Regenbogen, und davon inspiriert begann sie, Rezepte aufzuschreiben und sie mit schönen Bildern zu verzieren.

Sie benutzte alle Schmetterlings-geheimnisse, die sie kannte. Als Zutaten verwendete sie bunte Blumen und andere Pflanzen aus dem Wald. Auf jeder Seite gestaltete sie eine neue Idee, und so entstand ein fantastisches Rezeptbuch für die ganze Familie.

Sie blätterte das ganze Buch durch, und es dauerte eine Weile, bis sie etwas ausgewählt hatte. Sie beschloss, zum Abendessen einen frischen, leckeren Salat mit verschiedenen Zutaten in allerlei Grüntönen zuzubereiten. Die Auswahl reichte von Kopfsalat über Avocados bis hin zu Spinat.

Als alle zum Abendessen herbeikamen, wussten sie nicht, wo sie anfangen sollten! Der Salat war so schön, dass es fast schade war, ihn zu essen. Die Mutter war sehr stolz und dachte schon an die nächsten Farben, die sie an den folgenden Tagen verwenden würde.

Am Tag darauf besuchte Mariposita wie jeden Nachmittag versteckte Orte im Wald. Sie ging oder lief mit Begeisterung umher und steckte ihren kleinen Rüssel überall hinein. Während ihres Familienspaziergangs suchten alle nach den Zutaten, die sie für den Abend benötigten. Heute würde alles orange sein!

In der Nähe einiger goldigen Ringelblumen fand Mariposita Wilden Kürbis, frei gereift aus wilden Samen im Wald. Ein ganzer Garten voller riesiger, praller Kürbisse! Wie sollten sie die mit nach Hause nehmen? Zweifellos würden sie sie nach Hause rollen müssen.

Mariposita bemerkte, dass sich einige grüne Zweige von einer Seite zur anderen bewegten. Hinter ihnen war ihr Papa – er hatte etwas gefunden, aber es war grün!

Was machte er da? Warum riss er die Pflanze aus dem Boden? Warum brach er sie?, fragte sie sich bestürzt.

Nach einem kräftigen Ruck zog der Vater zwei Karotten auf einmal heraus! Der Wald birgt viele Überraschungen!

Es schien, als ob die orangefarbenen Früchte, Blumen und Gemüse alle nahe beieinander lägen. Nun hatten sie alles beisammen für das Abendessen.

Sobald sie nach Hause kamen, brachten sie alle Zutaten in die Küche. Die Mutter griff nach ihrer Schürze und setzte einen grossen Topf mit Wasser auf den Herd.

Gemeinsam bereiteten sie eine leckere Kürbis- und Karottensuppe zu und teilten sie mit den Bewohnern ihres Baumes. Zum Nachtisch durfte ein nahrhaftes Glas Nektar von den Blumen vor ihrem Fenster nicht fehlen. Die verschiedenen Farben und Geschmacksrichtungen liessen sie träumen.

Mariposita war so müde, dass sie bald zum Schlafen in ihr Zimmer ging. Am nächsten Tag musste sie früh aufstehen, um den Sonnenaufgang zu sehen.

Sie zuckte im Traum, und als sie aufwachte, war ihr kalt. Es war noch sehr dunkel. Sie wollte noch etwas länger schlafen, aber als sie ihre Decke hochzog, stellte sie fest, dass diese nicht mehr ihren ganzen Körper bedeckte.

Nun konnte sie nicht mehr schlafen. Sie fühlte sich unbehaglich. Etwas ärgerlich stand sie auf und schaltete das Licht ein. Sie ging zur Tür, als sie plötzlich etwas Seltsames im Spiegel wahrnahm.

Sie wich zurück und betrachtete sich genau. Erstaunt riss sie ihre Augen auf und ihr Mund war so weit offen, als wäre sie beim Zahnarzt, denn welch eine Überraschung: Ihre Flügel waren gewachsen und erstrahlten in leuchtendem Grün und Orange!

Sofort ging sie ins Zimmer ihrer Eltern, um sie zu wecken. Sie öffnete die Tür so stürmisch, dass ihr Vater erschrak und aus dem Bett fiel. Mama hatte so tief geschlafen, dass sie erst mal herauszufinden versuchte, was los war, während sie sich das zerzauste Haar aus dem Gesicht strich.

Mariposita drehte sich vor Freude um sich selbst! Übermütig sprang sie herum und flatterte von einer Seite des Raumes zur anderen.

Alle waren so erstaunt und aufgeregt, dass sie sogleich aufstanden, um zu feiern. Da die Sonne noch nicht aufgegangen war, überlegten sie, ein morgendliches Picknick im Wald zu machen. Dabei könnten sie gemeinsam den Sonnenaufgang beobachten.

Sie nahmen Mutters Rezeptbuch mit und wählten daraus ein köstliches Menü. Gemeinsam kreierten sie einen leckeren Obstsalat mit Brombeeren, Heidelbeeren, Bananen, Erdbeeren und Mangos. Dann packten sie ihre Campingdecke ein und gingen in den Wald.

Es war noch dunkel. Sie konnten die Glühwürmchen leuchten sehen, kletterten auf den höchsten Baum und setzten sich dort zwischen die Blätter. Es war schön mitzuerleben, wie sich der Wald nach und nach erhellte, als würde die Sonne nicht nur Licht, sondern auch Farben spenden.

Mariposita genoss die Natur mit jeder Faser ihres zarten Körpers. Sie sehnte sich danach, zu fliegen und von Freiheit zu träumen. Aber dazu brauchte man nicht nur die Flügel der Fantasie, sondern auch echte, die es einem erlaubten, den Träumen zu folgen.

Den ganzen Tag verbrachten sie im Wald, und es war der schönste, den Mariposita je erlebt hatte, denn es war ihr erster Tag mit farbigen Flügeln! Auf dem Heimweg war sie sehr ruhig und in viele Gedanken vertieft.

Manchmal lächelte sie verschmitzt, wenn sie ihre Flügel betrachtete und sich an den Schrecken erinnerte, den sie am Morgen beim Blick in den Spiegel gehabt hatte. Aber nun musste sie sich ausruhen.

Was wohl passieren würde, wenn sie schlafen ging?
Diesmal nahm sie eine viel grössere Decke. Sie schlief tief und fest,
ohne zu merken, wie sehr sie sich die ganze Nacht bewegte.
Und wiederum veränderte sich ihr Körper, währenddem sie schlief!

Weder der Sonnenaufgang noch das Singen der Vögel weckten
Mariposita auf. Anders als am Vortag erwachte sie erst,
als die Sonne bereits aufgegangen war.

Sie öffnete ihre Augen und sah ein helles Licht ausserhalb ihres Fensters; heller, als sie es von der Morgendämmerung her gewohnt war. Eingewickelt in ihre Decke und ziemlich verwirrt stand sie auf. Beim Gehen taumelte sie unkontrolliert. Ihr Rücken schmerzte, als würde sie einen schweren Rucksack tragen.

«Was ist denn los?», fragte sie sich besorgt.

Sie war gerade dabei, den Raum zu verlassen, als sie am Spiegel vorbeiging und etwas sehr Seltsames wahrnahm. Sie trat ein paar Schritte zurück, um sich nochmals anzuschauen, und riss erschrocken ihre Augen auf! War das ein Traum?
War sie überhaupt schon wach?

Ihre Flügel waren viel grösser; sie füllten den Spiegel ganz aus. Auf einmal sah sie die Farben jeder Frucht, die sie gegessen hatte, als würde die Natur ihre Magie versprühen.

Unbeholfen stolpernd lief sie los, um ihren Eltern von ihrer nächtlichen Verwandlung zu erzählen. Sie frühstückten gerade, als sie Maripositas schillernde Farben bemerkten.

Papa verschluckte sich an seinem Nektar und hustete, Mama verschlug es die Sprache.

Sie gingen zu ihrer Tochter und umarmten sie voller Liebe! All diese Veränderungen und Empfindungen eines jungen Schmetterlings an ihr zu sehen, war unbeschreiblich!

So viele überraschende Momente hat Mariposita erlebt und neue Dinge gelernt. Es war toll, so viele Farben zu haben, aber jetzt war es an der Zeit zu fliegen!

«Ich könnte aus meinem Fenster fliegen und den Regenbogen besuchen! Ich werde Verstecken spielen und prüfen, ob er höher als die Sonne reicht, und ich will herausfinden, warum er sich versteckt. Wo geht er hin, wenn ich ihn nicht sehe? Warum hat er sieben Farben? Ich weiss, dass wir sehr gute Freunde sein werden. Für mich sind wir das schon, seit ich ihn zum ersten Mal gesehen habe!

Früher habe ich geglaubt, dass die Natur magisch sei. Im Laufe der Zeit habe ich festgestellt, dass sie sehr weise ist! Sie hat so viele Geheimnisse! Ich wünsche mir, noch viele von ihnen zu entdecken!»

Die Familie war sehr glücklich. Sie bereiteten weiterhin leckere, bunte Mahlzeiten nach den Rezepten im Buch zu.

Für Mariposita gab es nichts Schöneres als die Früchte der Pflanzen. Ihre Formen und Grössen, ihre unglaublichen Farben, ihr Geschmack – wie konnte eine Pflanze so etwas hervorbringen? Als ob das Erschaffen einer Blume nicht schon wunderbar genug wäre!

«Von den Früchten, die ich esse, werde ich die Samen aufheben. Am Morgen werde ich hinausfliegen und sie im ganzen Wald aussäen!»

Mit immer stärkeren Flügeln flog der kleine Schmetterling höher und höher und genoss seine Freiheit. Mariposita hatte ihre eigene Flugreise angetreten, ihre Träume wahr gemacht und war ein echter Schmetterling geworden.

Weitere spannende und bebilderte Kindergeschichten aus dem Neptun-Verlag

Zum Vorlesen und Selberlesen

Die drei Freunde Funzel, Reisszahn und Säge freuen sich schon auf das jährliche Leuchtblumenfest. Aber dann erfahren sie, dass der Vorrat an Leuchtblumen aufgebraucht ist. Alle weg!
Um neue Leuchtblumen zu beschaffen, brechen die drei Fische zu einer abenteuerlichen Reise auf.

Eine wunderbare und fantasievolle Geschichte über Freundschaft, Mut und Algen-Eiscreme.

Leserstimmen: «Werden die drei Freunde es zusammen schaffen die Leuchtblumen zu ernten und rechtzeitig zum Fest wieder da zu sein? Abenteuer lassen sich am besten gemeinsam bestehen! Eine liebevoll erzählte, spannende und mutige Geschichte über die schönen Seiten des Ozeanlebens. He-Ho!»

«Mit zärtlichem Humor geschrieben. Spannend, aber so, dass es auch die Empfindsameren aushalten. Zum Abtauchen in eine Welt voll Wunder.»

Mena Kost: Funzel, Reisszahn und Säge. Die abenteuerliche Reise zum Leuchtblumenfeld. Zahlreiche Illustrationen von Priska Wenger.

92 Seiten, zahlreiche sw-Illustrationen, Hardcover
ISBN 978 3 85820 325 0

Überall im Buchhandel oder bei www.neptunverlag.ch

**Marbeth Reif:
Die Weihnachtsfähre.
Durchgehend illustriert von
Sakari Nomura.**

32 Seiten, durchgehend
Illustrationen, Hardcover
ISBN 978 3 85923 040 8

Hanna erlebt mit ihrem Grossvater die Vorweihnachtszeit.

Alle Bücher aus dem Neptun Verlag gibt es im Buchhandel oder bei
www.neptunverlag.ch